Момир Лазић
ЧУВАЈТЕ ИХ КОЊИ ВРАНИ

I0535256

Момир Лазић
ЧУВАЈТЕ ИХ КОЊИ ВРАНИ

Издавач
И.П. „Рад" А.Д.
Дечанска 12, Београд

За Издавача
Небојша Николић

Техничка припрема
Милијан Ивановић

Штампа
DINEX d.o.o.
Ратка Митровића 113, Београд

Тираж
500 примерака

ISBN 978-860901058-3

Момир Лазић

ЧУВАЈТЕ ИХ КОЊИ ВРАНИ

РАД
Београд, 2014.

СЛАПОВИ СВИЈЕТЛОСТИ ИСПОД КАМЕНИХ УСОВА

> „ ... вјеровати у Љубав као у Небо,
> то је живјети у највећој чистоти
> и крајњој сили доброте“.
>
> /Ј. Дучић/

Ружна су дјела овога свијета, и ту је Ријеч потекла из мелема патње она Свијеплост којом се на њему отварају прозори Наде. Од здраве ријечи пуцају и руше се Јерихонски зидови, јер Ријеч која „бијаше у почетку,, бива и биће уз човјека до „краја,, – док се год бори за сопствену Боголикост. Они који вјерују у Вољу Свемогућег – они који борбу за опстанак свога народа и невини дух отаџбине осјећају као највишу могућу милост коју им животне околности могу додијелити, су исти људи који овај свијет у цијелини отимају и штите од таме његовог потпуног суноврата, људи који у борби за оне поред себе – за друге – откривају пуни смисао сопственог постојања. Људи су то који знају да „Нема Бога за онога ко не зна да га носи у себи,, /Толстој/.

Тражитељи Слободе нијесу пришипетље на свим странама, јер такве не држи ни једно дугме темељитијег увјерења. То су људи који знају да је „Свијет сувише велик за људе пјешаке“ /Ћосић/, али не и за њихов дух, јер су Срби на земљи пјесници, а на Небу његови Свети ратници. Они који обједине та оба крила узлијећу највише да би са тих висина гријали душе свога јата на ватрама „свијетлих гробова“.

Подводећи сопствени живот под Наде других, дјело је Богоугодника, које „душа увијек силније боли него /поломљене/ кости“.

У Лазићу сам срео таквог човијека, непосредно након његова изласка из усташке тамнице, у вријеме када су се подливи и отоци увелико повлачили, а кости још увијек шкрипале попут старог ђерма у тишини ноћи, али нијесам осијетио присуство озлојеђености јер га је вјероватно тијешила помисао, да све оно што жив човјек истрпи, може бити само „дар“ усташке „милости“. Ту врсту осјећања коју за себе веже душа под ожиљцима која тешко заборавља већ одбачене окове, упознао сам у заједничкој борби са Момиром „против својих и туђина“, чега се пјесник и сам опомиње:

„Заједно смо на книнској
тврђави
издајама врата
ломили
и бити преслаби за оне који су их цијеливали“.

Срео сам се са Момиром на трагу Свијетлости за коју смо обострано вјеровали да нас може извести из живота који је постао „тамница под земљом на којој нема прозора“ /Дучић/. Мени остаје да се захвалим пјеснику који пише и у моје, а вјерујем и у ваше име/.

Нема стваралачког дјела које није са квасца Љубави, а она Љубав која „воли човијека у човијеку“ бива окосницом моралне опстојаности у животу – трајност коју искушења могу само да јачају и богате. Љубав је врт храбрости и колико човјек воли, толико и живи под заштитом њеног крвотока.

Због општег потопа у лажном патриотизму који туђим навигационим уређајима, а домаћим рукама „кормилари“

овом земљом, Лазић се сапатнички још упорније и „себичније“ веже и љуби ОТАЏБИНУ као ватру која га грије, као, једину могућу ковницу могућег живота.

„Слобода је Божији закон“ и већ само због тога „чежња за Слободом је тако огромна да ни један систем до данас није успио да тај осијећај истргне из човјекова срца“. /Џ. Колман/. Љубав, Слобода, Патриотизам је СВЕТО ТРОЈСТВО Лазићевог појања, али и суштина и апсолутни смисао његовог живота.

У земљи у којој се још једино „човијек брука са човјеком“, у свијету у којем су сви под голим ударом глобалистичке денационализације и антихристијанизације морала, Лазић је одувијек био ван рова личне сигурности и са тог брисаног простора објеручке потицао отпор злу – будио Наду као:

– ПУБЛИЦИСТА, ријетак ратник који никада није туђи прдеж хватао својом капом, још мање наметане лажи. покривао својим образом за разлику од оних муштих релеја који у служби најамника „демократске и еуропејске Србије“ умишљају да су и сами оријентирни „свјетионици“ који су личним револуционарним „блијеском“ у стању да за „десет дана“ преврну Богом утемељени свијет.

– ПЈЕСНИК бола који се оглашава једино КРИКОМ ЉУБАВИ, никад бијеса.

– УРЕДНИК чије гласило уређује ВОЉА Слободних, нужда ПРАВДЕ, ИНТЕРЕС ОТАЏБИНЕ, МОЋ ИСТИНЕ која на најпотпунији начин служи потребама народа у времену које је изгубило своје оријентире.

– ИЗДАВАЧ који „проси“ да би свијетло дана угледале књиге које се својим порукама сврставају на линији националног фронта у одбрани и заштити угроженог огњишта српске отаџбине.

– ХУМАНИТАРНИ ПРЕГАЛАЦ СЛОБОДОУМЉА који стиже до најтамнијих кутака наше народне невоље, коју други не запажају јер нијесу под свијетлостима рефлектора.

У прилици сам, а на основу вишегодишњег дружења и у привилегији, да поред овог јавног портрета, завирим и у ЛИЧНУ КАРТУ нашег крајишког Лазекање.

Име: ЉУДЕСКАРА;

Особни знаци: Иде на глави јер га живот туче по табанима;

Занимање: По слободном и јогунастом избору живи од и са уједима јавне ријечи, бранећи и борећи се за признање личног и народног ПУНОЉЕТСТВА;

Здравствени картон: Није луд и ако мисли громогласно јасно и без задршке;

Страначка припадност: Слободан стријелац који затеже лук Правде и гађа стријелама Истине;

Примједбе: Данас је сумњиво лице београдске ЖУТЕ „демократије“ као што је био и остао непоћудан „младој хрватској демокрацији“ из чијег је сужањства једва жив изашао, отаљавајући робију голим леђима испод електричних палица и голим туром на мравињаку са уједима по усташком „милосрдном“ избору.

Мраворадан посленик на ватришту људске муке, али и непоправљив гласник отворене Наде. Никада га нијесу везали први редови сумњивих политичких надгорњавања, али су га из тих клупа редовно нападали и прогањали. Презире нескромност, а гладне Истине дарује богато и обилато, знајући да „... у другима лијечи болест од које сам умире“ /Б. Миљковић/.

Један је од ријетких људи који рудари на свијетлости да би се Истином уметао, јер „За човијека нема ништа примамљивије од Слободе његове савијести, али ни ништа теже“ /Достојевски/.

Оре дубоко. Вуче докољено дубоку националну бразду, али је мало оних који иза њега могу дрљати, па им је лакше по њему и око њега брљати. Далеко је од људи чије дневне „потребе" остављају опште и дуготрајне послиједице.

Био је и истрајава ван закона „савременог" понижења живота који се најчешће крунишу пролазним или лажним – патвореним успијесима.

Без тих елементарно базичних расадника оптимизма и неуморних баштована Наде – смисао људског постојања изгубио би сваку сврху.

ЛАЗИЋ НЕЋЕ ДА ЋУТИ. Он то, заправо, непоправљиво не зна. Није га имао томе ко научити јер је рођен и растао у непокору који никада није био у лаковјерном додиру са привилегијама живота. Закаснили су да га ућуткају, па ће он и надаље ИСТИНИТИТИ онима којима је отета Слобода – онима којима оспоравају право на постојање. О томе неће ћутати ни с ону страну гроба – проговориће и преко уста пуних земље.

Са материна млијека СХВАТИО ЈЕ ДА ОСИМ ЧИСТА И ПЛЕМЕНИТА ОБРАЗА НЕМА ШТО ДРУГО ПОНИЈЕТИ ИЗ ЖИВОТА. Момир је са свијетом успоставио трајну емотивну везу и зато се у њему радује, тугује и пати – са њим и над њим болује.

У том гејзирском праску емотивности – Љубав је онај мотив који додирује срце и душу свих оних који су, на било који начин, дошли у додир са њим. Тај човијек који плива узводном матицом патриотизма, вјерује и зна да „Вријеме које НИЈЕСМО провели у Љубави изгубљено је" /Пушкин/.

Један је од ријетких људи који тако, у овом вратоломном времену САМ СЕБИ ИСПИСУЈЕ БИОГРАФИЈУ ЗА ВЈЕШАЛА.

Под крилима слободоумља – Ријечи Момира Лазића – рађаће се неки нови „тићи ждраловићи". Ту негдје, у том чаробном гнијезду смјештеном испод срца, у „просторима" душе свијетају плодови Љубави које, на срећу, пјесник не умије, или неће да разликује, нити дијели. Као што се топли дом гнијезди у души жене, тако се и отаџбина носи у срцу а ослања на рамена њених људи.

И прије ће земља нестати, него што ће Момир Лазић престати да нас опомиње да су ОБРАЗ И ОТАЏБИНА ДЈЕЦА ИСТЕ ЉУБАВИ.

Петар Н. Штикдвац, апатрид
СРБ /ЛИКА/ Р. С. КРАЈИНА

ИЗБОР ТЕКСТОВА МОМИРА ЛАЗИЋА

„ЧУВАЈТЕ ИХ КОЊИ ВРАНИ"

ХЕРОЈ БАНИЈЕ

Борис Грубјешић имао је непуних 18 година када је 29.марта 1999. године погинуо у Београду. Тог дана у знак протеста због НАТО бомбардовања разбио је стаклено окно на излогу ресторана „Мек Доналдс" – Безистан на београдским теразијама, и пао кроз отвор у доњу етажу са висине од четири метра. После указане лекарске помоћи младић је издахнуо.

А ко је заправо Борис Грубјешић? Рођен је 1981. године у Сиску. Десет година касније ухватио га је ратни вихор. Усташки нож окомио се и на Банију и он је са непуних десет година осетио сву несрећу која је задесила свој народ. Детињство му је прекинуто усташком камом хрватских зликоваца. Прелепе ластавице које су свијале гнездо испод стрехе његове куће заувек су отишле.

Први ратни подвиг извео је са десет година. Половином 1991. године док су путем у селу Лушчанима у којем је боравио са родитељима, шпартале усташке патроле, на цести је кришом насликао велики крст са оцилима. Тог јутра дан је освануо са новим знамењем док су усташе шкргутале зубима и претиле смрћу оном ко је то урадио.

Борис је у „Олуји" стигао у Београд са родитељима. Тешко се привикавао на нову средину. Патио је за својим ластавицама, кујом Азром и данима безбрижног детињства.

После његове сахране која је у Београду прошла незапажено, једног дана у Удружење књижевника Србија ушла је жена у црнини. Био сам на састанку управе. Секретарица је тихо отворила врата, пришла и шапнула да ме у ходнику чека једна жена.

У просторији је стајала госпођа упалих очију, скрхана од бола. Њен поглед је продро право у моје срце. Осетио сам бол у грудима. Понудих јој да седне. Села је скрушено. Није се представила. Подигла је очи, погледала ме и пружила ми дебелу свеску.

– То је „Дневник“ мог Бориса. Када смо га сахранили нашли смо га у његовој соби. Донела сам га јер почиње вашом песмом „Србија спава“. Овде је и Ваша књига „Мом народу да не заборави“. То смо нашли у ормарићу – рекла је уплакано и напустила просторију.

Занемео сам. Ту вече сам листао Борисов „Дневник“. Био сам запањен шта је у њему записао момак са непуних осамнаест година.

– За Србију и Крајину треба погинути. То не смемо изгубити. Боље их је борбом изгубити него се скривати и бежати и бити роб туђе власти – писало је. Листам „Дневник“ даље: – Косово и Метохија су наше очи, наш очињи вид. Без Косова ми смо у мраку, у тами. Тамо је све то Србин. Без Косова смо нико и ништа. Зато га треба бранити и одбранити. Никада га не смемо оставити у рукама туђина. То мора бити српски завет. Завет свих Срба који живе и који ће се родити.

Имао је непуних 15 година када је ово написао. Стегло ме у прсима. Руке се озноjaле. Читам даље:

– Суочите се моји другари са правим лицем „Мек Доналдса“. Форсира синтетичку храну. Експлоатише раднике. Крије се иза лажног имица. Једини начин да зауставимо ту машину покварене хране јесте бојкот. Покажимо да се прави отпор никада не може зауставити. Њихов сендвич је сендвич страве и ужаса. Што не једемо своје?

Испод текста следи цртеж човека „монструма“ који гута људе, а име му је Мек Доналдс. Потом следи крик и реченица која гласи : – Срби пробудите се, да не буде касно.

Оно што ме је до краја импресионирало јесу два броја листа „Банија" којег је покренуо у Београду и извлачио га на шапирографу. Делио га је својим вршњацима. У њему је писао о својој Банији. У првом броју пише:

– Ако Вам се Банија допада, реците свима. Ако Вам се лист не допада реците само нама. Главни уредник је Борис Грубјешић, будући генерал војске српске, а спонзор листа је Васо Штековић, активни пензионер.

Објавио је два броја „Баније". На крају, у „Дневнику" бележи реченице које својим смислом запањују истином:

– Америка је лоповлук, мржња, фашизам. Ја никада нећу седети скрштених руку... Против овога се треба борити.

И када су прве бомбе пале на Београд, Борис Грубјешић није издржао. Бејзбол палицом је ударио у стакло овог ресторана брзе хране и викнуо: – Јебем вам матер фашистичку. Убијате моју земљу".

Лист „Данас" је 31.марта 1999. године објавио да је погинуо „хулиган".

05.08 2008.

ОГОЉЕНЕ ДУШЕ

Гојко Кнежевић је прешао педесету годину. Ниског раста, бујне црне косе, чврст ко стена, доброћудног лица, проницљивог погледа. Поштован је домаћин свог више него скромног домаћинства на Банстолу. По ономе чиме је испунио своју кућицу многи би требали да му позавиде. Шесторо здраве деце од шест до 13 година. Три момка и три девојке. Када прођете поред његовог дома увек ослушнете онај златни дечји ромор пун снаге, љубави и живота.

— Седмо дете, кћерка, отишла је у Америку. Има 24 године. Нек је Бог чува. На пут је пошла трбухом за крухом. Једно ми је Бог узео. Удавио ми се син. Имао је две године. Оклизнуо се, пао главом у канту пуну воде и удавио се. Никада га не могу прежалити — отвара душу овај Крајишник из кордунашког села Кнежевић Косе. Видим како се Гојку једно топла мека суза котрља низ наборано лице. Брзо ју је склонио. — Борим се као лав. Радим од јутра до сутра. Делам шта знам, а знам чини ми се доста. Поправљам аутомобиле, косим, орем, сечем дрва, уводим струју, зидам...На сав тај рад моје шаке су навикле и отврдле као камен — препричава како храни осморо уста.

Лута му поглед негде у даљину. Сећа се свог Кордуна на коме му је остало све. Усташе су крваво коло заиграле и 1995.године, побиле све што су стигле, а он је са женом и двоје деце успео да спаси голи живот. Четворо је рођено овде на Банстолу.

— Бринем се мили мој роде за ову своју децу, али не само за своју. Како да их прехраним? Ето помогоше добри људи и саградих ово мало крова над главом. Никоме нисмо закуцали на врата и затражили комад хлеба. И нећемо. Ипак, зебња ми се уселила у срце. Немамо државу мој буразеру. Издадоше нас, ојадише и распродаше земљу српски властодршци – прича пун горчине.

Опет мук и поглед уперен у само њему знане даљине. – А веруј ми као брату сутра бих ишао да браним своје Косово и Метохију. Само да позову. Оставио бих ово шесторо деце и отишао. Бранио сам и Крајину док се могло. Сада ти не дају ни властиту државу да браниш. Па како онда да им оставим децу у аманет? Шта ће им таква држава у којој ће бити робље, нико и ништа – пита се.

Опет мало застане, па настави.

– Нуде ми да се иселимо у Аустралију, Америку или Канаду, али ја нећу. Хоћу да ми деца живе у својој земљи. Има у њој шта да се ради, само да оде овај олош из ње. Нећу да идем из ината. То говорим и својој деци. Морају доћи бољи дани. Даће Бог. У то сам сигуран. Србија је земља у којој има хлеба за све. Оно што ме највише брине то су мој брате људи без душе. Оголеле им душе као грана на ветру. Трка за богатством. Краде се на све стране. Нема чојства. Србин је Србину Хрват. То је трагедија – подвлачи црту.

Прича Гојко а лице му се грчи. Говори о нашој невољи и несрећи. Жестоко се бори да преживи и поручује:

– Ово земљу треба бранити радом, поштењем, а богами ако затреба и пушком. Па наша је то земља брате мој. За четворо деце добијам дечји додатак. А шта је за оно двоје питам. Е па тако је прописао закон, кажу. Јебао вас закон, мислим у себи. А је ли закон прописао да не браним своју земљу. Децу учим да је воле и бране. То је мој закон.

Поново је Гојко загледан у њему знане даљине као да у њима тражи спас своје и дечјих душа.

29.11.2008.

ЈЕДНОМ СРБИН, УВЕК СРБИН

Ко није био у Великој Хочи на Косову и Метохији није ни могао упознати великог човека. То ЧОВЕКА, сасвим је довољно рећи, јер је човек најтеже бити. Тај човек главом и брадом је свештеник отац Миленко. Он је синоним живота у овом месту. Сусрет са њим за неколико дана колико сам провео у овом српском насељу никада нећу заборавити. Пишем овај текст у баш у ове дане, када се многи одричу српске светиње и оног јединог што никада не умире и не нестаје. То је света српска земља Косово и Метохија.

Уз чашицу добре домаће ракије, прича ми отац Миленко своје прве сусрете са припадницима КФОР-а

— Дошли људи да раде свој посао. А ми у жици. Затворени са свих страна, Као некада што су Швабе чиниле Јеврејима. Тешко је живети у гету, у жици. Тешко и претешко. Срећа, овде нам је уз саму душу наша црква. У њој се сваки дан крепимо и Богу молимо. Помаже то. Без Бога овде се не би могло опстати — прича отац Миленко и смиреним гласом наставља причу. — Скува моја жена једног јутра пет кафа и крај сваке шоље на прозору стави и по чашицу ракије. Њих пет сваки дан. Немци пролазе покрај нашег дома. Пролазе, али нико ништа не дира. Кажем жени да настави и даље. Треба лепо са њима, требаће нам. Кад једно јутро једна шоља кафе празна. Попијена. Други дан одоше и две ракије. И од тада, дан за даном, свако јутро застану крај наше куће, попију кафу и ракију и наставе са патролирањем.

Док ми прича, загледан је у под куће у којој седимо. Као да испод пода нешто тражи, нешто што је изгубио, па није сигуран да ли је ту или није. После сам сазнао да му је под место на коме док прича, одмара душу. Колико је само људских стопа стало на ове даске, причао ми је. На њима су се одсликавале људске душе, карактер, поштење.

— А онда једног дана, пред цркву бануше Немци. Зовну ме жена. Дођох, понудих им да седну и рекох јој да насече мало сланине. Имао сам и неке кобасице и наточих им домаћег вина. Започесмо разговор. У почетку је текао некако бојажљиво, али је текао. Један од њих, наоружан до зуба, са добpoћудним лицем, погледа ме и упита. — Јел тешко овде живети? Ако вам нешто треба реците, помоћи ћу вам. Знам да вам није лако. Зато смо овде.

Ове речи превео ми је његов сународник. Некако су ме разгалиле. Срце ми поче јаче куцати. Боже хвала ти што си се смиловао на нас, рекох у себи и скоро ми сузе на очи потекоше. Годинама нам овде нико није рекао лепу реч. Шиптари сваки дан дивљају и нико не зна хоћемо ли дочекати јутро у властитој кући. Зато су ми, морам ти брате искрено признати, ове речи осветлале душу – подсећао се отац Миленко.

Од тада њега је како рече, овај Швабо возио службеним колима када год је нешто затребало. У Пећ на пијацу, у друго село код пријатеља. Волео је да пазарним даном скокне до Пећи. То га је каже подсећало на оне дане када је био слободан човек.

— Елем, Швабо је возио и болесне код лекара, ако је требало и до северног дела Косовске Митровице. У наше животе унео је неку снагу. Вољу да се још више боримо за опстанак. Видимо да је човек. Шиптари су га гледали испод ока. Није им се допао, али шта је ту је, морали су да га „трпе“.

Не прође дуго, и дође тај дан да и ја са братом писцем Ранком Ђиновићем упознам тог Швабу. Чим смо под његовом пратњом стигли у Велику Хочу, сместили смо се код оца Миленка. Сав срећан што смо стигли, отац нас изљуби, а попадија се брзо даде у посао да заједно са комшиницама припреми ручак. Попимо по ракију за срећан долазак. Наздрависмо и немачком пуковнику који нас је пратио до Велике Хоче. Реч по реч, открисмо тајну овог Швабе, кога су звали Ханс. Да ли му је тако и било име не знам. Нисмо ни питали, али најважније је било оно што нам је рекао.

– Пореклом сам лужички Србин. Желео сам да дођем на Косово и Метохију и урадим нешто за народ коме припадам. Да га чувам колико могу и нешто корисно да учиним. Колико сам у томе успео не знам, али зна отац Миленко – рекао је Ханс.

Погледасмо се онако забезекнуто. Ћутали смо дуго. На крају сам прозборио – Крв није вода! Ханс се само топло насмејао.

Новембар 2008.

НАЈВИШЕ БОЛИ СРПСКИ ИЗРОД

Велики српски светитељ Николај Жички у пророчкој проповеди небеске литургије казао је: „Проклети били изроди српски“. У Србији их данас има на претек. Један такав дубоко ми се урезао у памћење и ово је прича о њему.

Моји покојни родитељи заједно са братом, снахом и двоје деце, пред бошњачком камом стигли су у минут до дванаест из Босне у Србију. Иако сам их из Книна на време обавештавао шта им се може десити, увек су то некако приписивали мојој „фантазији“. Више су се бринули за мене, него о себи. Покојног оца брат Никола је извукао из празне сарајевске болнице Кошево, где је био оперисан од карцинома грла. Мајка је већ годинама боловала од рака лимфних жлезда. Братова прича о изласку из Сарајева је саткана од страве и ужаса. Захваљујући Богу успели су да се извуку. Заједно са децом моје сестре из Сарајева сви су се ђутуре на кратко сместили код пријатеља у Новим Бановцима.

Повремено сам долазио из Книна. Обилазио их, доносио им по врећу брашна да некако преживе. Потом сам обилазио своју жену и децу, па назад у Книн. Прелазио сам хиљаде километара, не знајући да ли ћу им се вратити из Републике Српске Крајине.

Била су то тешка и крвава времена. Времена у којима су летеле српске главе, пуцало се иза леђа и водила крвава борба против усташког ножа у подивљалој Хрватској која је Србе већ одавно на крст распела.

После неког времена родитељи су се са братовом породицом преселили у Панчево. Под кирију су узели један мали станчић. Брат и снаха су радили буквално све како би преживели. Чишћење зграда, прање веша по кућама, чување деце, истоварање робе... Ма све живо само да се имало за хлеба и лекове. Доласком у Србију отац и мајка су копнили. Тата више није могао да говори. Понекад је одлазио на зрачење у Клинички центар у Београду. Мајчин канцер се ширио из дана у дан. Оно што их је највише болело јесте голема туга за завичајем. Мами је било све горе и горе.

Једног дана изненада сам бануо у Панчево. Мајку сам затекао у мањој собици у коју се са оцем повлачила како у најтежим боловима не би уносила немир у породицу. Ту сам је затекао и тог дана. Са мном је била и супруга Верка. Верку је искрено волела, онако као што ју је волео и тата. Угледавши ме на вратима, бацила ми се у загрљај. Дуго је плакала. Није ништа говорила. На њеном измученом лицу видео сам да подноси тешке болове. Био сам избезумљен. Гледао сам њене прелепе плаве очи, како неком смиреношћу трпе недаће. Онда је одједном почела да се превија. Стајала је уз столицу коју је обилазила уздишући и тешко ходајући. Лице јој је било сиво испод очију. Постављао сам јој разна питања, тешио је, нудио сока, воде, нешто да поједе. Почела је да се тресе. Дрхтала је као прут. У ћошку собе на столу било је неколико јоргана који су одисали топлином. – Мајко да те умотам у један? Биће ти топлије – питао сам је. Оштро ме је погледала. Имао сам осећај да ме поглед као ножем пробада. Сасвим тихо је изустила: – То није наше сине. Газда нам скрену пажњу да их не употребљавамо јер на њих немамо право.

После ових речи сам се укочио. Њу сам чврсто загрлио и бризну у горки плач. Пожелео сам да тог тренутка умрем. Да ме више нема. Да останемо заједно у загрљају и да тако обоје завршимо у црној земљи.

Идућег дана мајка је умрла. Сво време сам ћутао. Ни са ким нисам разговарао. Све речи које је изговорила пред смрт биле су моја тајна. Када смо је сахрањивали и док сам буквално мртвог оца држао испод руке мислио сам на оног „газду" који им је издао стан. Питао сам се какав је то човек. Има ли деце? Уме ли да воли, осети нечију патњу и муку? Помишљао сам да га нађем и ко зна шта да му урадим. Али нисам. Оставио сам га да размишља о себи. Онда сам се сетио речи великог Николаја Жичког – „Проклети били изроди српски".

Убрзо ми је и отац умро. Тада ми је на памет пала мисао великог српско ума Јустина Поповића који рече: – Пуно је бивших Срба, а правих Срба, авај, тако мало.

30.09.2008.

КАО ПЕСМА ВЕЧАН

„Онај ко прода рода свога, нека две раке ископа". Ова мудра кинеска пословица у Србији постаје саставни део живота. Овако је паметни кинески народ, простом реченицом бранио своју част, образ и поштење. Била је то и остала порука издајницима народа који су били спремни да продају своју душу и најчешће је ђаволу предавали.

Код нас је на велику несрећу издаја постала део свакодневице. Она се креће у свим елементима живљења. И тако „европска сотона" која може да стане у једну једину реч „соланија" хара издајом српског народа као чином „демократије", „бољег живота" и уласка у „привредна царства" у којем нестају државе и народи.

Ухапсише ми пријатеља, др Радована Караџића. Ухапсише српски народ који је у њему био оличење правде, отпора и истине. И прогласише сотоне од истине „убицу". Крвожедне „европске душе" помислише да су убиле српски народ, али се преварише. Ко да убије „Лудо копље", једну од најбољих књига песама др Радована Караџића за коју је велики руски писац Владимир Бурич у редакцији листа „Збиља" где је дошао да ме посети рекао:

– Ово је поезија која никада не умире. Радован је велики човек и визионар. Њега ће свет памтити по оном што чини за планету, поготово за српски народ. „Лудо копље", истинска је одбрана људске муке и живота. Онај ко је написао овакво дело заувек брани човека.

Дуго сам ту ноћ седео са покојним Буричем. Велика умна руска глава признала ми те вечери да му је животна жеља да упозна Радована. Обећао сам да ћу му приуштити тај сусрет, јер су сви моји пријатељи који су били уз Радована знали ко је Владимир Бурич, као и сам Радован. Договорили смо се да наредне године када дође у Србију оде са мном код Радована на Пале. Бог је тако хтео да је Бурич на путу за Србију и Пале умро у Струги од срчаног удара. Два дана после смрти примио сам разгледницу из Струге на којој је писало „Дрхтим од среће да сретнем Радована“.

Београд и истински српски интелектуалци памтиће 1998. годину. Француска 7 дупке пуна. Седе Момо Капор, Брана Црнчевић, Гојко Ђого, академик Василије Крестић, академик Драган Недељковић, Рако Петров Ного, Слободан Ракитић, Зоран Глушчевић, Мома Димић, проф.др Мирко Зуровац, Мирослав Тохоль...Крем српске интелигенције одане српству. До Моме Капора у првом реду седи Љиљана Зелен Караџић, Радованова супруга. На лицу јој се види да је узбуђена док ћаска са мојом супругом Верком. Не памти се у историји Француске 7 да је било толико Радованових пријатеља и љубитеља његовог стваралаштва као тада. У двориште ове установе није се могло ући од људи који су мирно стајали јер у дворани није било места.

Изашао сам пред скуп и поздравио пријатеља Радована који се већ тада крио од својих крвника, и образложио додељивање Велике повеље листа „Збиља“ Радовану Караџићу за дугогодишњу књижевну сарадњу са овим гласилом и позвао да у његово име признање прими његова супруга Љиљана. Више од пола сата трајао је аплауз када је Љиљана устала да прими признање из мојих руку. Нисам могао зауставим сузе баш као ни она.

— Нека те Бог чува Радоване за све што си урадио за српски народ, само толико сам успео да изустим пред публиком која је устала и поздрављала Радована. Љиља је толико била узбуђена да сам се бојао да се не сруши. Када се публика коначно умирила, рекла је: -- Хвала редакцији листа „Збиља“. Хвала теби Момо и свима који сте овде што нисте заборавили мог Радована.

Међу присутнима мук, а онда аплауз који је још дуго одзвањао. Прилазили су јој и честитали. Сви смо били уз нашег Рашу. Био је леп гест редакције „Збиља“ коју сам водио, да заувек останемо уз нашег Рашу. И остали смо.

Београд, сва домаћа и светска јавност брујали су о том догађају. Моје срце било је мирно. Био је то дуг мом Раши за десетине његових антологијских песама које се сам добијао од њега и објављивао их у време док је водио Републику Српску.

Једном ме у Београду пресрела новинарка CNN-a и питала да ли бих дао изјаву на питање знам ли где се крије Караџић. Пристао сам. Управо у то време изашао је најновији број „Збиље“ на чијој насловној страни се вијорила његова песма „Калемегдан“. Рекао сам јој да је Радован на првој страни „Збиље“ и тутнуо јој примерак у руку. Она ме цинично погледала, узела новине и отишла.

Две године раније, негде у лето срео сам се са Радованом. Примио ме веома срдачно. Знао сам да се повлачи и одлази са места председника Републике Српске. Имао сам само једну жељу, да се са њим испричам и договорим о једном послу. Знао сам да ће га силници прогањати. Знао сам какав га живот чека, али сам хтео да од њега добијем благослов да водим бригу о његовим књигама, стваралаштву и да ми дозволи да до краја живота преко својих пријатеља објављујем све оно што је написао и шаљем диљем света. Када сам ушао у његову канцеларију био је насмејан и расположен. На столу је био последњи број „Збиље“. Редовном сам му је слао преко пријатеља. – Добро радиш овај посао. Само напред. Неће бити лако нама Србима, али немамо куд, идемо до краја. Бог нас сигурно неће напустити – рекао ми је.

Наравно да ми је дао благослов да објављујем његове радове, а моји пријатељи слободно да их преводе на светске језике. Поменуо сам му и више значајних имена људи из нама пријатељских земаља који ће преводити његове књиге и који га изузетно цене. Рекао је да их поздравим и наставимо наш рад. У једном тренутку ми је казао: – Не мислиш ваљда само мене преводити. Има их богами и бољих од мене. Велика је наша књижевност.

Испричали смо се ко људи. Било му је драго што сам дошао. Осетио сам у његовој души велику обавезу према српском народу која се очитавала у свакој речи . Видео сам у његовом очима једну силину душе која прихвата све оне који желе да чине добро за свој народ. Био сам изненађен када ми је у разговору набројао све културне акције које сам покретао како у тадашњој Југославији тако и на подручју Републике Српске и Републике Српске Крајине. Имао је увид у мој рад. Када смо се растајали, било је то са пуно поштовања и оног јаранског духа којег је носио у себи. Када ме је испраћао, на вратима ми је добацио: – Читам „Збиљу“, а богами читаћу је и даље. Пратићу, да видим шта радиш.

Сада када су га утамничили, када му је најтеже, поручујем му:

– Излазиће „Збиља“ Рашо мој, сада још жешћа и одлучнија да брани свој народ, а тебе, Воју, Ратка, Мартића и све наше узданице преносиће на својим страницама као иконе које се никада не смеју и неће заборавити.

На крају бележим још једну кинеску пословицу са којом ћу живети до краја. „Не одупрети се злу, веће је зло од самог зла“. Све до смрти одупираћу се злу. Нека је Бог са тобом пријатељу, друже, роде мој!

Новембар 2008.

МУЗЕЈ СМРТИ – ШИРИ ДАЉЕ

Ових дана из Ирака стижу ужасне вести. Десетине Ирачана дневно гине на улицама Багдада. Више се и не зна тачан број. Америчка „демократска“ инвазија на ову некада прелепу земљу сеје жестоку смрт. А народ Ирака клицао је Војиславу Шешељу за време његове посете тој земљи. Прошле су године, али га се и сада сећају. Те 2002. године уверио сам се колико га Ирачани воле док сам био у својој другој посети у тој пријатељској земљи. Садаму Хусеину тада сам поклонио литар српске шљивовице старе 30 година и нашу шајкачу. Тарик Азизи ми је тада рекао да се Садам искрено обрадовао овим поклонима. И тада ми Азиз предложи да посетим национални музеј „Америја“. Дан пре мене обишао га је и Кенет Каунда, са којим сам се тих дана срео у Багдаду. Ни сада не могу заборавити једну од најлепших жена у свом животу. Била је директорица музеја госпођа Адмет Интаса. Са мном се када је у питању њена лепота сложила и супруга Верка. Лице јој је било благо, очи плаве као море, свака реч одмерена и једна учтива озбиљност пуна поноса док говори о том музеју. То је најстравичнији музеј који сам икада видео. Тако нешто не постоји нигде на свету. У заливском рату 1990. године то је било специјално склониште у коме се за време америчких бомбардовања Багдада могло склонити неколико стотина деце, стараца, жена...Биле су то бомбе смрти како су их Ирачани називали док су се обрушавале на ово склониште.

– Тог дана био је уторак 1990. године. Склониште је било пуно деце, старих, трудница, ученика... Било је добро утврђено а сам отвор, односно улазна врата била су дебела око два метра и рађена су од специјалног материјала, прича нам Интаса док смо те 2002. године силазили у склониште. – Амерички војници данима су га гађали јер су знали да се у њему налазе невини цивили. Тог дана на њега су бацили неколико „врућих спиралних пројектила". То су они који буше материју и развијају огромну температуру пржећи све пред собом. Када је једна бомба буквално растопила улазна врата, експлодирала је друга која је кроз отвор под великим притиском направила масакр, наставља причу Интаса.

Од великог удара и заглушујуће експлозије сви цивили су погинули. Пуцале су им главе, трбуси, летели су као птице по склоништу са разбуцаним лобањама, цревима, раскомаданим телима...Нико није преживео. Био је то пакао.

Гледам остатке људских длака, отиске смрсканих лобања у бетону, ликове деце старца по зидовима и гомиле костију сакупљених у посебне сандуке. Директорица музеја „Америја" Интаса потресним речима казује држећи верку испод руке – Ово је буквално залепљено дете у зиду. Погледајте ове трагове руку, лобање и карлица. Имате ево овде остатке косе. Можете да их опипате (осетим власи дечје косе под прстима). Када је бомба пала многи су спавали. Било је јутро. Бомба која је уследила после разваљивања врата развила је температуру од преко 2.000 степени. Цивили који су били у прва два спрата склоништа буквално су се истопили. Ово што видите као људске остатке то су они мученици који су били у седмом и осмом павиљону. Они су се залепили на ове зидове и на њима оставили своје трагове. Овде само Бог зна како је било тим људима у том паклу смрти – препричава прекрасна Адмет док нам се са лица котрљају сузе, а брада тресе. Потпуно обезглављен, мислим у себи док гледам ову страхоту и кажем нечујно – Овде и камен мора проплакати.

У хотелу „Ал Рашид" где смо били смештени по повратку из музеја срећемо Каунду. Седамо за сто, пијемо добар ирачки чај. – Ето вам америчке демократије. Добро је да сте то видели. То треба да види цео свет. И опет се брусе на овај народ. И биће крви, видећете, прорицао је још онда Каунда. Убрзо су нам се придружила и два позната ирачка писца Хамид Саид који је превођен и овде у Србији и Абаз Фадил Абди. Саид је директор Куће мудрости (академије наука). – Крваве су руке америчке. „Америја" је господине Лазићу језив музеј људског страдања. То би требало да виде људи широм света. Ви сте видели, па причајте, додаје.

Дуго смо ту вече седели са њима. Тај разговор никада нећемо заборавити. Док ово пишем не знам да ли су живи. Шта се десило са њима то само Бог зна. Шта је са госпођом Интасом? Да ли је „Америја" сравњена са земљом? Да ли су отисци смрти на зидовима нестали заувек? Али ево, ја сведочим о њему. Сведочим онако како ми је то у „Ал Рашиду" рекао мој ирачки брат писац Хамид Саид. Боже, буди им у помоћи.

29.03.2008.

ИСТИНА У ЛОГОРСКОЈ ЖИЦИ

Када је мој пријатељ народни херој Никола Видовић, командант 4 кордунашке бригаде 1942. године ослобађао логор Јастребарско, једини логор за децу на кугли земаљској, затекао је у њему 727 малишана измучених од глади и болести. Кроз логор који се налазио између Карловца и Загреба прошло је 3.363 деце. Од тог броја, 2.000 је било са Козаре, док су остали малишани били отети од родитеља Срба са Кордуна, Лике и Баније. Отеле су их усташе после масакра који су извршиле у том делу НДХ. Крици мајки и очева када су им одводили децу чули су се до неба, причала су преживала деца логораши. Онда су се чули рафали. Без трунке савести пред њиховим очима нестајали су им родитељи. Оно што није урадио усташки метак, завршила је усташка кама.

Логором су управљале часне сестра припаднице конгрегације Св. Винка Паулског. У логору је од глади и болести, за непуна два месеца колико је радио, умрло 768 деце. Један од преживелих малишана причао је Видовићу како су их убијале часне сестре.

– Дуго нам нису давале да једемо. Данима нисмо добијали воду. Онда су нас пуштале у двориште са лепом зеленом травом. Мртви гладни, пасли смо траву. После паше ишли смо на чесму да пијемо воде. Часне сестре су нас посматрале и нису нас дирале. Моји другови који су због велике жеђи пили много воде, умирали су после неколико сати од грчева у стомаку. Ја сам случајно остао жив – препричавао је мали логораш.

Док ми је ово говорио, гледао сам како Видовићу миле сузе низ образе. Тек тада сам схватио зашто је скоро две године избегавао да ми да интервју том догађају.

– Када смо се примицали логору, наставља генерал, био сам потпуно изгубљен као човек. Знао сам да нас у логору чека страва и ужас. Затекли смо живе мртваце. То су била деца старости између седам и 15 година. Боље рећи то су били ходајући лешеви. Нисмо знали шта да радимо са њима. Један део малишана смо мало окрепили водом. Гледали су нас укоченим очима. Имали смо нешто хлеба, па смо им давали мрвице и заливали их водом да се не удаве. Деца су била изнемогла. Ону која нису могла да ходају узели смо у наручја и носили. Неке смо стављали на оно мало колица што смо имали. Малишанима који су били јачи и могли да корачају бацали смо хлеб и кукуруз. Нисмо могли све да их понесемо. Нека су и остала на том путу слободе. Био је то прави пакао – причао је Видовић, јецајући, изгубљен и очајан.

О овом логору у Србији се не зна готово ништа или веома мало. Све у свему недовољно је блага реч. Часне сестре које су водиле логор биле су и остале понос хрватског народа. Јер како се говорило онда, а и сада прича у Хрватској, „што мање четника, мање зла за нас Хрвате". И не само што о овом крвавом истребљењу ништа не знају људи у Србији, ова истина се као змија ноге крила и у Хрватској. Ових дана на капама младих Хрвата могу се видети усташки знакови „У" са којима се поносе. О злочину који се десио у Јастребарском, опет понављам, једином логору за децу у свету, у коме је нестало стотине малишана, ништа се не зна у свету. Немамо никакву књигу која би осветлила ову стравичну установу смрти.

Ћутало се о овом злочину и зато смо добили „Бљесак" и „Олују", а то је зато што се ћутало и сада ћути о Јасеновцу. И докле год будемо ћутали о зверствима над српским народом, она ће се понављати, као што су се поновила на Косову и Метохији. Позивам Радоша Љушића, директора Завода за издавање уџбеника да публикује истину о овом злочину над српском децом. О њему ћуте чак и јеврејски историчари. О њему ћути читав свет. Ја не желим да ћутим, јер та деца нису ни мрава згазила. Страдала су само зато што су била српска. А побијена су од усташа и представника католичке цркве, часних сестара које су водиле бригу како их уморити.

После сусрета са генералом Видовићем средином седамдесетих година, никада га више нисам видео. Знам да су бол и туга које је носио у срцу били преголеми. Да ли се икада опоравио, не верујем. Као што не могу ни ја од његове приче.

21.07.2008.

БРАНКОВИ „МРСИМУДИ"

Бранко Ћопић је за мене остао један од највећих српских писаца. Нико у српској литератури није се наругао комунистима оног времена као што је то урадио Бранко. Његов Николетина Бурсаћ је проговорио невероватном истином у дијалогу са мајком када каже – „ Мајко јер знаш да нема Бога?"

– Како црни сине да нема Бога, сва утучена пита мајка.

– Нема мајко, рекао наш комесар. Нема и тачка – одговара Николетина.

У хумористичком жаргону Бранко је дао слику наше Партије и Тита. Наругао им се и тако је све до смрти остао „неподобан".

Имао сам ту срећу да се са њим сретнем неколико пута. Било је то на књижевним сусретима на којима сам као млад писац имао част да говорим стихове.

Али негде у пролеће 79-те, позва ме директор листа „Карловачки тједник" у коме сам радио. Јовица Радојчић ме упитао могу ли доћи до Бранчине, како је звао Ћопића. За тај интервју били су заинтересовани и „Вечерњи лист", сарајевско „Ослобођење", „Вечерње новине"...Рекао сам му да ћу разговарати са Ћопићем и видети хоће ли пристати на разговор.

Ћопића сам око десет сати ујутро добио у стану у Београду.

– Ђе си Момчило, „на прву" ме дочекао Ћопић. – Шта има када ме зовеш тако рано? Мора да је нека велика ујдурма?

– Није никаква ујдурма, него би хтео да направим интервју са Вама. Наше читаоце интересује време које сте провели у Карловцу као ђак учитељске школе када су Вас из Пакраца декретом, због тога што сте били јогуњави, избацили из школе – одговорих му.

– Јесам, био сам јогуњав, нисам мој Момчило ни сада бољи, али дођи, испричаћу ти како сам гледао оне као душе лепе и добре Кордунашице. Сећам се када су долазиле на пијацу у Карловац, и газиле Корану. Ноге су им блистале као руже, док су држале подигнуте сукњице – насмеја ме.

Размишљао са шта да му купим као поклон. Да га лепо изненадим. Онда се сетим пријатеља који је на Кордуну у Ласињском Сјеничаку пекао изврсну шљиву. Када сам му рекао да је за Бранка, даде ми литар ракије старе десет година.

После пар дана сео сам у авион и из Загреба стигао у Београд. Негде око поднева био сам у његовом стану. Зазвоним на врата, упртио велики магнетофон и чекам да се отворе. Чујем како се кључ у брави окреће. Бранко је био ведар и насмејан. Поздравимо се, дадох му ракију, а он ми док је гледа и клима главом вели: – Ова мора да је добра. После разговора наточићу ти другу.

Пуна два сата причао је о боравку у Карловцу. О томе како је боравио и хранио се у кафани код једног доброг Србина Дмитрашиновића. Није имао пара да све то плаћа, али је знао да су неки „скојевци“ по нечијем налогу плаћали све његове трошкове. Нису били велики, али су их плаћали. У школи је био добар, професори су били, како их је звао, разних „фела“, и овог пута се морао помирити да већ једном заврши ту „црну школу“. Што пре да је заврши па да „бежи“ у Београд на студије.

У Карловцу је каже највише волео пролеће.

– Петак је био пазарни дан. А оне наше снаше са Кордуна, расне мој брајко. Задигну сукњу, газе Корану, а ја се бечим из парка. Очи ми ко сунце исколачиле и буљим у она бедра. А Корана их милује. Гледим, па мислим у себи, е мили Боже што нисам Корана па да их ја мало помилујем – сетно прича.

Наравно, причали смо и о многим другим стварима, па и о политици. За политику баш није био спреман. Чим смо ушли у те воде, мало се брецнуо, замислио и рекао:

– Ех та политика. Упамти Момчило, млад си човек и још пишеш. Неће ти бити лако са данашњим мудоњама. Али упамти, доћи ће време када ће доћи они још опаснији, а они су „мрсимуди“. Е, с њима ће бити тешко. Видећеш. А ти „мрсимуди“ чекају на тебе.

Гледао сам га онако кршног и упамтио те речи. Када се разговор завршио сипао ми је његову крушку. Каже добио ју је од једног Крајишника.

– Долазе, сврате, питају за здравље и обавезно донесу нашу ракију. Понекад узмем чашу. А онда моја Богданка гледа да нећу још коју. Увек брине за мене. Данас је на послу – „правдао“ се.

И после толико година сећам се тог сусрета са Ћопићем. Сетим се оних „мрсимуда“. Био је у праву. Тек сада видим колико је био далековид. Тек сада сагледавам све јаде на које је био свико док су га тада прогањале „мудоње“. Али ови данашњи „мрсимуди“ оголили државу од главе до пете. Пљачкају је, продају. Дигли плате до неба, а народ гладује. Немамо границе. Задужили се до грла. Људи умиру јер не могу да плате лекове.

Замутили „мрсимуди“ читаву земљу, а она јечи и урличе, до неба се чује. Одјекују грозне речи ових наших „мрсимуда“, који се боре за „демократију“, бољи живот, Европу, а ми полако нестајемо. Газе нас и потиру где год стигну.

А мој Бранчина као да гледа однекуд издалека па поручује: – Јесам ли ти рекао Момчило? Сачекаће „мрсимуди“. И сачекаше мој добри Бранко. Био си у праву.

03.12.2008.

НАДА ЖИВИ ВЕЧНО

Негде осамдесетих година пристигох на Козару. Ту су се годинама окупљали писци из бивше Југославије. Повод је био позната књижевна манифестација „Стазама дјетињства" која је била посвећена Бранку Ћопићу. Окупљали смо се ту у његовом завичају и родном селу Хашанима, говорили стихове и одржавали округле столове о том великом српском барду писане речи.

Ту ме дочекала прелепа Крајишникиња, права равијојла Драгица Шипка која је била у друштву Радована Караџића. Она беше сва онако женски распојасана, „отежала" од лепоте. Распричала се са Радованом који је био разбарушен, са неизбежном боемском фризуром, „мршавушан" како је знала да каже моја покојна мајка док је гледала наше заједничке фотографије са тих дружења. Док сам се поздрављао са прелепом Драгицом, видех да се Радован загледао у зелене даљине Козаре. Као да је нешто тражио по тој крвавој планини у којој су Срби платили свој данак од Немаца и усташа. Одједном се трзе, поздрависмо се јарански и ја се потом упутих у хотел. У торби сам носио 200 примерака листа „Освит" који је у целини био посвећен овим сусретима и делу Бранка Ћопића. На улазу у хотел сачекао ме увек уљудан и одмерен проф. др Мурис Идризовић који је био оснивач и покретач тих сусрета. Био је видно задовољан када је видео „Освит", па ми је пријатељски и искрено рекао: – Свака Вам част Лазићу. Оно што сте обећали то сте и урадили. Бранко ће се заиста обрадовати. Само да Вам кажем да је промоција вашег часописа вечерас у Санском Мосту.

Баш ми је било драго што ме овако похвалио. До уласка у собу сретох се са колегама Ранком Павловићем, Ранком Прерадовићем, Исметом Бекрићем, Кемалом Цоцом, Велимиром Милошевићем и многим другима. Уз пут су ме обавестили да се велики књижевни час одржава после подне у шест сати, да се очекује доста света, као и да сви треба да кажемо по песму. Све прихватих, уђох у собу и онако сав преморен јавих се на рецепцију и замолим да ме пробуде за сат времена. Тако је и било.

На поетски час стигао је и Бранко Ћопић у друштву са Густавом Крклецом, Миром Алечковић, Десанком Максимовић и многим другим познатим писцима. Сакупило се неколико хиљада људи из Бихаћа, Босанске Крупе, Бањалуке, Дрвара, Босанског Новог... Дошли су да се поклоне истинској књижевној речи. У сећању ми је посебно драг остао сусрет са Младеном Ољачом који је био велики српски писац, али никада до краја довољно истражен и недовољан ишчитан од наше критике. Одједном је настао тајац. На бини се појавио Радован Караџић. Ћутао је неколико секунди поново загледан у непрегледне лепоте Козаре. Као да је у њима тражио спас људске душе, неке само њему знане истине. И тада су се по Козари проломили стихови његове песме „Нада“.

Била је то најлепша песма коју сам чуо на том митингу поезије. Песма у коју је стао сав живот српског народа, његова голгота и бескрајно велика душа. Али била је то песма која је и опомињала на нека зла времена која ће доћи и свакако проћи. А она, „НАДА“, никада неће оставити на цедилу српски народ ма шта да му се деси, била је то порука Радованове песме.

Ових дана мој пријатељ проф. др Иван Чарота послао ми је Антологију српске поезије коју је саставио и превео на белоруски и руски језик. Погледах књигу и у њој нађох Радованову „Наду". И не само њу. У Минску, током једне од посета овом граду, испричао сам Чароти како сам је давних осамдесетих слушао и доживео на Козари. Заједно са својим студентима пажљиво ме саслушао на универзитету где сам био његов гост.

Једно од мојих обећања које сам Караџићу дао давно, још док је био председник Републике Српске било је да водим бригу о његовој поезији и објављујем је по белом свету. То чиним све ове године, до данашњег дана и чинићу док сам жив. Свом пријатељу сам дао чврсту и јуначку српску реч. И зато „Нада" која се појавила у Антологији носи смисао Радовановог живота сатканог у овој песми. Нада је нешто никада не напушта човека, а ја додајем ни овај наш српски народ који ће кад тад ову његову велику „Наду" претворити у српску јаву.

16.10.2009.

РЕЧИ ОД КОЈИХ СЕ (О)СЕДИ

Да човек у тренутку може да остари, потпуно оседи за једну ноћ или једноставно пресвисне од бола, уверио сам се деведесете године у Карловцу.

У то време све је већ мирисало на рат. Срби су већ били обележени за одстрел и чекао се само знак када ће се кренути усташком камом под српски врат. С пролећа деведесете године дошао сам до списка Срба који су у карловачкој „Југотурбини" били „неподобни" и који су на све могуће начине морали да оду, чак и по цену ликвидације. На списку су били махом високообразовани Срби овог гиганта који су били светски стручњаци за турбине. У први мах за веома кратко време требало је избацити сав стручни српски кадар, а касније је отказ требало добити неколико хиљада радника Срба. Прво се требало решити оних најелитнијих, а остали би под жестоким притисцима били приморани да оду. Тако се и десило. За неколико дана стотине Срба у „Југотурбини" је остало без посла. Из дана у дан број незапослених је растао. Остајали су само Хрвати. Њих нико није дирао. Видевши на списку људе који су били предвиђени и за ликвидацију реши сам да нешто урадим како би их спасио. За тај списак знао сам ја и још два човека. Држали смо га у строгој тајности јер смо због њега очас посла могли изгубити главу и породице.

Решио сам да посетим једног од стручњака у фабрици кога сам познавао. Хтео сам да га саветујем да са породицом што пре напусти Карловац. А онда се у мени јавила велика дилема. Шта ако ми човек не поверује, одговори да су то моје фантазије и пријави ме? Оде глава. Шта да радим?

Ломио сам се неколико дана, ноћима нисам спавао, али сам решио да га обавестим, па шта ми драги Бог да.

Једне ноћи у касне сати бануо сам му на врата. Иако је било прилично касно, мој пријатељ је био расположен што ме види.

– Откуд ти Момчило у ово доба – питао ме. – Да се мало видимо. Проћаскамо коју. Ето пролазио сам овуда, па рекох да свратим на ракију – одговорих му. – Само изволи – рече и уђох у стан.

Ту ме дочекала и његова супруга. Било јој је драго што ме види, али се на њеном лицу осетила нека забринутост. Није је баш одавала, али сам је осетио. И тако уз ракију, реч по реч, он осети да ћу му рећи нешто важно.

– Шта је Момчило? Одговори ми већ једном – помало ме дрчно питао. Гледао сам га смирено. Био сам потпуно миран, али сам осетио како ми срце лупа неком страшном и неодољивом снагом. Почео ме пробијати ледени зној.

– Јел ти добро – питао ме. – Јесте – тихо изустих. Слушај ме добро. Пакуј се и сутра првим возом одлази за Београд. На списку си за ликвидацију. Послушај ме. Молим те као Бога – рекох му док сам се гушио од бола у грудима и хладног зноја који ми је цурио низ образе. – Ово је озбиљно. Ако ме не послушаш и ово кажеш неком другом, убиће мене и моју породицу – заврших.

После ових речи, сео је на фотељу. Жена га узела за руку и нису проговорили нити једну једину реч. Устао сам. Изашао из стана и отишао дубоко у ноћ. Ноге су ми се тресле, остао сам без ваздуха, покушао дубоко да дишем, да узмем тај драгоцени први млаз кисеоника и дођем себи. Успео сам. Запалио сам цигарету, дошао до таксија, а онда таксисти рекао да ћу радије продужити пешке. Отишао сам на први градски аутобус и вратио се кући.

Ту ноћ нисам ока склопио. Ујутро сам отишао у редакцију. Ни са ким нисам причао. Убрзо сам се нашао у кафани „Сљеме“ и наручио лозовачу. Тај дан ништа нисам радио. Кући сам се вратио касно. Неколико тешких дана чекао сам одговор пријатеља или долазак полиције на врата. И док сам чекао и полако копнио из дана у дан, једно вече ми зазвони телефон.

– У Београду сам. Поздрави породицу – јавио ми се пријатељ. Једва сам се одржао на ногама. Скоро сам се срушио од радости. Ту ноћ сам мирно заспао.

После много година телефон у редакцији „Збиље“ која се налазила у Улици Данила Бојовића у Београду, је зазвонио. Подигао сам слушалицу и чуо добро познати глас: – Нашао сам ти адресу у Удружењу књижевника Србије. Станујем преко пута тебе. Чекам те на ручку са женом.

Отишао на ручак. Изгрлисмо се и изљубисмо. До касно у ноћ ми је причао како је одлучио да оде и како сам био у праву. И други су сазнали и напустили Карловац. Нисам га питао ко им је рекао да су на списку. Онда се обратио својој деци и рекао : – Ово је господин о коме сам вам причао.

Сачувао сам животе једне породице.

06.10.2008.

ДВА ЛИЦА СРБИНОВА

Прича ми ових дана један вероучитељ како има проблема са ученицима у основној школи где ради. Директор је атеиста, далеко од Бога, људи и деца подељена у два табора, као јабука када се на пола расече. У чему је заправо проблем?

Увођењем веронауке у наше школство паралелно је уведен и предмет грађанско васпитање. Била је то идеја тадашњег премијера, покојног Зорана Ђинђића. Грађанским васпитањем добили смо поделу међу младима, онакву какву су нам 27.марта 1941. године урадили Енглези, поделивши нас на четнике и партизане. Нисмо се помирили ни до данас. На жалост та подела сваким даном је све дубља.

Елем, сада се у разреду где пола ђака учи веронауку, а друга половина грађанско васпитање, како прича вероучитељ, овако размишља:

Половина деце учи како је вера у Христа пут истине и љубави, пут морала, чојства, истинског православља, док друга половина учи како Бога нема, да не треба служити војску, како су хомосексуалци и лезбејске кул, а о моралу и етичности да и не говоримо. Велики су и свети они који возе црне џипове, имају велике куће, добре цице...А о поштењу, љубави, и истинској помоћи брату у невољи нема нити говора.

И та деца расту заједно. Расту једна друга окренута леђима. Не гледају се у очи, не друже се, далеко су од истинске љубави, пријатељства и другарства. Алал вера Ђинђићу! Одрадио си посао за вјек вјекова. Подели нам децу у недоглед. А како то исправити, како с тим живети, питања су која се свакодневно постављају.

Питао сам недавно једног владику:– Зар није било боље да имамо веронауку под окриљем црквене службе? Није се морала уводити у школе. Тако би избегли и грађанско васпитање. Имали би одгојеног и васпитаног младог човека у духу православља.

Признао ми је да сам у праву.

А сада да видимо каква је ситуација у Републици Српској. Е тамо је Радован Караџић урадио нешто друго. Увео је само веронауку без монструозног грађанског васпитања. И шта је добила Република Српска? У анкети која је недавно рађена 90 одсто младих је осудило хомосексуализам и лезбејство, 95 одсто њих је за служење војног , а не цивилног војног рока. У Србији је више од 60 одсто омладине за „цивилку" и ношење ноша по болницама. Када је реч о сектама, у Републици Српској тај број је занемарљив. У Србији оне броје преко 200.000 чланова. Преко Дрине више од 80 одсто младих редовно одлази на литургије, док у Србији то чини негде око 30 одсто омладине.

И да даље не набрајам. Све је то продукт осмишљене веронауке у Републици Српској у којој живи ћирилица, у којој је Христ оличење љубави, доброте и опстанка српског народа. Српска православна црква један је од водећих фактора морала којим живе прекодрински Срби. Они физички јесу „покорени" разним Лајчацима и менторима силе, али им нико није одузео душу, њихов крст, њиховог и нашег Радована Караџића. Те светиње живе и тињају у њуховим срцима.

А код нас више од 60 одсто младих је за Европу, а немају појма шта је она и какве све перверзије и гадости нуди. Не знају да су духовно окупирани и да им се нуде шарене лаже у којима је Бог одавно заборављен. Окупација младих у Србији је успела. За сада је то учињено другом

„Егзитом" (највећим пристаништем дроге, сатанизма и неморала у Европи) који и није без разлога успостављен у Србији. Тако је то урадио Велики брат, да би нам што боље младе „увео у Европу и показао им пут демократије и људских слобода". Све им је дао само да Бога забораве. А тамо где нема Бога, како рече велики Достојевски „све је и дозвољено". И под том кринком одвија се сатанизација младости у Србији. Јер што си ближи ђаволу лакше је тобом владати. Тамо где живи Христова мисао, Сатана бежи. Истински живот траје, љубав се множи, топла рука пријатељства се ствара. Са дрогом, Бога нема, нема га ни у хомосексуалним и лезбејским браковима, нема га у секташким друштвима. Нема га како каже велики амерички редитељ Ален Русо у филму „Америка:слобода фашизма" ни у сакоима државних мафијаша, великих рекеташа, глобализацији и њеном грамзивом Великом брату који контролише све банкарске сефове планете.

Живимо у канџама Великог брата у коме нас своде на подле животиње које морају престати да мисле, раде, одвајају добро од зла, носе чипове и служе светској централи банака које ће штампати новац за све и убирати рекет од свих запослених који ће на чиповима уграђеним испод коже бити обична стока.

И зато Свети Јован Лествичник упозорава: „Опасно је пливати у одећи, опасно је да се дотиче православља онај ко има било какву страст". Памтимо ове речи.

27.08.2008.

ДИЛБЕРОВА ПОСЛАНИЦА

Сваког Васкрса код дједа Николе на Илиџи долазио је човек кога су звали Дилбер. Никада му нисам сазнао право име, а дјед је увек избегавао да ми нешто више каже о њему. Зато сам одустао од намере да сазнам ко је у ствари тај човек. Елем, Васкрс је био за нас велики празник. Рано ујутро са баком и дједом најпре у цркву на литургију, па кући се вратим са јајем које сам добио од свештеника.

Бака Мара је била задужена са васкршње славље и трпезу. На ручку се окупљала читава фамилија. Једини човек који је седео за столом, а да нам није био род, био је поменути Дилбер. Дјед га је са врата дочекивао са великим поштовањем. Имао је своје место за столом. Није много причао. Мирно је јео и разговарао са домаћином. Добро се сећам њиховог разговора тог Васкрса 1956. године. Сели су за сто у дворишту и ту мене затекли. Моје присуство им није сметало, поготово Дилберу који као да је желео да чујем њихову причу. Био је некако замишљен и забринут.

— Мој Никола, ова ће се земља распасти. Ови црвени (касније сам схватио да је мислио на комунисте) ће нам главе доћи. Велико зло се спрема, а народ ништа не види испред носа – рече Дилбер, мало застаде, погледа у мене, па у дједа и настави – Не бринем ја за нас. Ми смо стари људи, али твог унука, њега чекају велике муке. Како то сада рећи свом народу, а поготово деци као што је твој мали Момир.

Дјед је био дубоко замишљен. Причали су ми још као малом да је био за краља и отаџбину и да не воли Тита.

Знао је рећи да се међу „црвенима“ нађу људи који су залуђени, па се отрезне.

– Има мој Дилбере још нешто веома опасно и што ће наши унуци вероватно дочекати. То је прљава, ужасна и злоћудна моћ. Ова која сада влада, биће још гора. Проводиће је деца ових који сада залуђују овај кукавни народ. Само такви се неће звати као ови данашњи. Биће то кобајаги неко демократско, отворено друштво – рече дјед Никола.

Наравно да ми ништа од свега тога није било јасно, а поготово реч демократска. Ћутао сам и слушао и био сав важан што као мали имам прилику да слушам два одрасла човека.

И ево сада пред Васкрс, сетих се речи које су пре више од 50 година изговорио Дилбер и мој дјед. Онај унук што је слушао њихов разговор нашао се у обесном друштву „демократије“ која нам уништава земљу. На власти су деца бивших комуниста која су добро припремана за ово време. На време школована да нас завију у црно. И дошло је њихово време. Умиремо од глади, болести, одричемо се српског имена и језика. Руку под руку идемо са онима који нам земљу бомбардоваше и народ побише. Отимају, краду, хапсе и прогоне. Разврат и безбожништво на просто дивља на сваком кораку и ломи све пред собом.

Припремам се за Васкрс. Окупиће се породица на ручку. Неће ми доћи Дилбер, али његове речи биће присутне док будемо седели за столом. Деци ћу причати о Дилберу и дједу Николи. Нека њихов разговор добро упамте. Шта још да им кажем. Она знају много. Више него ја када сам слушао Дилбера и дједа Николу. Ипак рећи ћу им ово:

– Никада не заборавите да сте Срби. Славите своју славу. Црква нека вам буде друга кућа. Држите се образа и части. Тамјан и икону добро пазите. Чувајте их у најскривенијем делу срца. Чувајте Косово и Метохију и упамтите биће још горе него што је сада. Биће горе зато што је ово поход на српску душу, на наше икону, православље. Ако то сачувате никада нећете пропасти. Томе учите своју децу, а она опет своју. Ни вама ни њима неће бити спокоја, јер ће деца садашњих властодржаца ићи путем својих родитеља. Борба са њима биће тешка и претешка. Ти неће знати ни за Бога ни за људе. Њихови закони биће само новац и моћ. У трећем разреду Учитељске школе професорице психологије Стојанка Шошоић ми је рекла да је моћ опаснија од смрти, јер убија, а да ништа не види пред собом. Упамтите ове речи деко моја. Христос васкрсе.

13.04.2009.

ЧУВАЈТЕ ГА КОЊИ ВРАНИ

Живот је чудо. Одређују га Божји путеви. Сам Бог. И ту се ама баш ништа не може учинити. Да ли сам у праву? Не знам, али тако мислим.

Баш у ово време поста сетио сам једне тешке људске драме. Сетио сам се пријатеља Ђоке Живковића. Сигуран сам да га многи који су му били „пријатељи" нису познавали. Био је човек који је носио несносни бол и на концу га однео са собом у гроб.

Као млад био је велики цртач. Невиђени таленат. Само га је сликање интересовало. Његови цртежи које сам гледао пре 40 године били су право ремек дело. Међутим, велики утицај породице која је желела да се окане „ћорава" посла, већ тада је убило његов животни сан да постане сликар. На несрећу помирио се са тиме. Копнио је полако уз чашицу. А онда се оженио лепотицом Маријом. Била је католкиња. Волео ју је до коске и добио два прелепа сина. Алена и Стевицу. Када смо се срели пред рат, тешка срца ми је рекао:

– Изгубио сам децу.

Гледао сам га у чуду и упитао:

– Како друже? Па шта се десило?

Тупо ме је гледао. Попили смо по стомаклију и зурили један у другог.

– То више нису моја деца. Марија их је ставила под своју „контролу". Не препознајем их – одговорио је.

А онда је почео тај несрећни рат. У Книну сам чуо да је Ђоко међу првима стао у одбрану Пелагићева, своје родне груде. Они који су често окретали главе од њега нису ни слутили колико велико срце куца у њему. У његовој души пропињали су се они бели вранци, које је у једном потезу сликао. Та дивља снага коња који су живели у њему била је неисцрпно врело љубави према кућном прагу, свом народу, отаџбини.

Пријавио се као добровољац. А онда кришом отишао код команданта и замолио га да га не ставља на линију према Трамошници. То је било село које је припадало општини Градачац у коме су живели Хрвати. Чим је цикнуо рат похрлили су у загрљај Фрање Туђману. На тој страни су били његови синови. Плашио се да их не убије метак који опали. Душа му је крварила. На једној страни деца против њега, а на другој он који брани прадедовски кућни праг. Голема мука се свила у његову душу. Схватио је ово командант и послао га на другу страну. Послао га на Грабов гај. То село се граничи са Пелагићевом, а у њему су живели Муслимани. Наравно, жедни српске крве. Алија Изетбеговић их је преко ноћи дигао против своји крајишких Срба. А пре рата су су били добре комшије. Пример другима. Бар је тако изгледало.

Једно вече Ђоко је после тешке борбе са Муслиманима, са својом групом ушао у једну кућу у Грабовом гају. Дошли су да се одморе. Убрзо су онако уморни заспали. Док су спавали, до куће се пришуњао један Муслиман , комшија, и бацио бомбу унутра. Сва четворица су била раскомадана. Једва су саставили њихова тела. Остао сам без пријатеља који је те ноћи уснио са својим гиздавим вранцима док је заувек склапао очи. Пријатељи који су били уз њега, кажу да је за време рата стално цртао.

Када сам чуо да је погинуо отишао сам у книнску цркву и запалио свећу за његову велику душу. За његове гиздаве вранце. Ни до данашњег дана га нисам преболео.

А онда сам чуо страшну вест. Његов син Ален који је био на другој страни нишана се убио. Да ли се сетио оца и није могао да преболи дане пуног сунца када га је Ђоко држао за руку и показивао му коње вране? Оне који су умрли заједно са њим када га је разнела бомба.

У задње време распитивао сам се о његовом другом сину Стевици. Кажу да је жив, али где је, нико ми не зна рећи.

На крају сетио сам се нашег изненадног сусрета у Градачцу. Нашао сам га за шанком у спортској дворани. Загрлио ме братски. Осетио сам да жели нешто да ми каже:

— Знам да си најебао у животу, али остао си свој. Крваво си плаћао свој живот, али ти деца остадоше Срби. Ја сам негде погрешио. Или су они погрешили што ми не дадоше да завршим циклус гиздавих вранаца, мојих анђела. Коњи су чудо. Да сам њих припитомио остала би и деца уз мене. Нисам то умео – причао је цедећи полако ракију кроз зубе.

Знао сам да шта год да му кажем, било би сувишно. Он је знао где је направио грешку.

И док размишљам о њему у ове туробне дане када кошава пробија до костију, негде у измаглици видим његове беле вранце како му гроб чувају.

16.12.2008.

ОД ИГЛЕ ДО НЕСТАНКА

Ово је истинита прича. Нећу помињати име пријатељице. Знајте само да је била супруга познатог југословенског спортисте. Човек је млад преминуо од галопирајућег карционома. Остала је сама са двоје деце. Тешко је преболела његову смрт.

Таман када је средила живот и стала на ноге, судбина се поново поиграла са њом. Кћерка и син су почели да се дрогирају. Проводила је бесане ноћи и лутала од болница до полиције како би стала на пут тој белој пошасти. Купујући дрогу, деца се задужила. Продала је викендицу, лепо парче земље. Спасила им главу од нарко дилера. Деца су обећала да се више неће дрогирати. Престали су неко време. Кћерка се удала. После месец дана брака поново се навукла на иглу. У међувремену је затруднела. Дете на путу, а мама постала прави наркоман. Син се жени. Дрога га поново узима под своје. Родио му се син.

– Чувала сам унучад. Хранила их и подизала. Деца су наставила да се дрогирају. Мало се лече, па опет све испочетка. Живот ми се претворио у пакао – јадала ми се.

Онда је тешко оболела. Продала је стан. Враћала дечје дугове за дрогу. Унучад је морала у прихватилиште. Родитељи више нису могли да воде рачуна од њима. Дрога им је била важнија. Предлагао сам јој да не продаје имовину, јер неће имати од чега да живи када све оде на добош. Говорио јој да дугове никада неће моћи да намири, јер кћерка и син не мисле да оставе иглу. Тако је и било. Све је продала, за бадава. Остала је без крова над главом.

– Немам куд Момире. Долази и мој крај. Породицу сам изгубила. Онај ко нема наркомана у породици не зна како је када ти се деца убијају од дроге. То је пакао. Не дао Бог никоме – говорила је скрхана.

Унуке је у прихватилишту све ређе виђала. О њима је бригу водило друштво. У наручје родитеља нису могли. А онда, моја пријатељица је нестала. Неколико година сам трагао за њом. После четири година сазнао сам да станује у Барајеву. Познаница јој је дала собу и није јој наплаћивала кирију. Остала је без динара. Гола до коже.

Од стида није посећивала унуке, од деце је дигла руке. Преко телефона је рекла да би желела да ме види. Каже да је стид да ме погледа у очи.

– Шта да ти кажем Момире. За све сам крива. Све сам им дозволила, попуштала им. Кумила, молила, продала све што сам имала. Увек би ме слагали. Завршавали су по затворима и болницама. За децу нису марили, нити су их обилазили. Са мном је готово. Већ сам у паклу – рекла је и спустила слушалицу.

То је био наш растанак. Одселила се из Барајева. Нико не зна где, па ни та познаница. Сваки траг јој се изгубио.

Е па сада моји бајни родитељи допустите деци да раде шта хоће. Само им дозволите да спавају до пола два поподне. Црнчите за њихов фикс. Памет у главу!

– Не помаже се детету тако што ће се његовом дупету угађати. Мајка ће за њега, отац за њу. Од тога нема ништа. Живимо у паклу и децу треба припремити за тај огањ. Да се боре и опстану. Српска мајка готово да више и не постоји – говори један војни старешина.

И на крају подвала са Црном Реком. Монтираним филмом који треба да оцрни борбу против наркоманије. Треба да уништи људе које се боре против беле пошасти.

Очито да неком у Србији одговара да нам се деца убијају од игле. Што више дрогираних, боље дилерима. Имаће пуне руке пред „Егзит“. Ваља омладину снабдети за бесане журке. Улазимо у Европу укочених очију. Деца нам заувек нестају. Амин Србијо.

31.05.2009.

БОЖАНСКИ ГЛАС ЗА СРБИЈУ СПАС

Имао сам срећу да пре скоро две деценије у Паризу упознам легенду француска шансоне Шарла Азнавура. Сусрет који је организовао један мој јерменски пријатељ је био кратак, али упечатљив. Памтићу га док сам жив. Шарл је тада очекивао долазак младог колеге, музичара из Јерменије коме је уплатио 80.000 долара за пресађивање јетре. Тај гест помоћи болесном другу био је више него дирљив. Рекао ми је да је међусобно помагање света дужност сваког Јермена. Од пријатеља сам чуо да је јерменска емиграција најорганизованија у свету. Помоћ коју пружају матици је огромна, али што је још важније нагласити – и константна.

– Знате, ви Срби имате велику даму и оперску диву којој се неизмерно дивим не само ја, већ читав свет. Не знам да ли сте тога свесни? – запитао ме.

– На кога мислите? – узвратио сам збуњено.

– Па то је Јадранка Јовановић, велика уметница, чудесна жена. Благо вама Србима што је имате – рече жустро, гледајући ме збуњено, јер је видео да не знам о коме је реч.

Био сам поносан што је славни Азанвур нахвалио Јадранку Јовановић, али морам признати да је нисам познавао, нити сам присуствовао неком од њених наступа.

Много времена је прошло од тог сусрета. У једно зимско предвечерје на Светог Јована на врата нам покуца кума Оливера. Довела нам је гошћу.

– Ово је Јадранка Јовановић. Надам се да немате ништа против што је са мном стигла на славу – рече кума онако другарски.

Моја Верка је на вратима срдачно поздравила, изљубила и увела у стан. То је био мој први сусрет са Јадранком Јовановић. Од тада другујемо све до данас и тако ће остати заувек. Е сада, зашто сам се присетио Азанвура? Управо због Јадранке. Недавно сам гледао њен интервју на телевизији. Била је изузетна. Говорила је о себи и свом раду, али и о томе како је још увек несхваћена у својој Србији. Причала је тако људски, тражећи сва могућа оправдања за оне који јој праве проблеме у каријери. Само да их не повреди, не наљути.

Није тајна да ова оперска дива већ дуги низ година у Београду има проблеме са својом матичном кућом. Ретко наступа у српској престоници, али су јој врата широм отворена у читавом свету. Пева у Њујорку, Лондону, Каиру, Паризу, Токију...Ипак жељна је српске публике.

– То је зато што ваши људи у култури, а и у политици имају одбојан став према Јадранки. Мом народу и влади била би част да имамо овакву оперску диву. Имао сам прилику да је слушам. Њен глас је божанствен. Многи ваши културни посленици јој нису дорасли. Ваша власт требала би да чува овакве уметнике као мало воде на длану – говорио је др Хуан Санчез Монро, бивши амбасадор Кубе у Србији.

Његово мишљење делиле су а и сада деле многе дипломате. Приметили су да у Србији постоји културни примитивизам. Да многи који воде наше културне установе нису дорасли том позиву. Ти и такви нису ни до колена Јадранки Јовановић. Њој и не преостаје ништа друго него да их „брани" од њихових глупости. Е зато су они брука Србије. Најгоре је што њихов број није занемарљив. Све велики „европејци". Ако су они „Европа", па шта је тек онда Јадранка? Да је имало памети у врху наше власти, ова „богиња златоустог гласа" како је називају критичари" постала би једна од промотера Србије. Ма и више од тога. Она је једно од наших највећих културних добара (да не употребљавам погрдну реч бренд) која комуницира са многим државницима, дипломатама, културним посленицима широм света. Нема сумње да би Србији отворила многа врата. Излаз и појављивање у свету нам је сада свакако преко потребно. Овако сујета и примитивизам још увек харају Србијом. А свет обожава Јадранку...

17.08.2009.

КРАЈИШКА ГРОБНИЦА

Боро ми је добар пријатељ из рата. Упознао сам га у Белом Манастиру 1991. године. Беше то црна година. У Барању сам кренуо из Сомбора. Чим сам прешао Дунав дочекао ме са расклиманим кецом. Отишли смо у Борово село како бих видео шта треба Србима.

И док смо се тог новембарског дана возили, на путу сам приметио две огромне крмаче. Нешто су превртале по земљи. Замолио сам га да успори како бих видео шта тачно раде.

– Ма дај мани се ћорава посла. Људи нас чекају у Борову, а до мрака морам те вратити у Сомбор. Онда идеш за Книн – прекорно ми рече Боро.

Међутим, поново сам му рекао да стане.

– Е па кад си навро, гледај – рече љутито и изађе из кола.

Приближио сам се крмачи која је љутито почела да грокће на мене. Мало сам се одмакнуо и од оног што сам угледао облио ме хладан зној. Као да ми се метак забио у желудац. Осећао сам неиздржив бол. Руке су ми се знојиле а очи укочиле.

У густом блату приметио сам раскомадано људско тело. Обе руке биле су прегрижене до лаката, глава разбуцана. Из потиљка је вирила дуга блатњава коса. Друга животиња зарила је крупне зубе и распорила трбух, док је црева халапљиво прождирала, развлачећи их око себе. Почео сам да повраћам. Боро је дотрчао и ухватио ме за раме.

– Човече, улази у кола – викнуо је.

Не знам како сам сео. Из капута је извадио малу пљоску са ракијом и рекао: – Дођи себи, попиј.

Отворио сам прозор и бацио пљоску на пут. Свеж ваздух ме мало окрепио и почео сам нормално да дишем.

– Усташе су јуче убиле двојицу, а одбеглих крмача има колико хоћеш. То нам у задње време често раде. Упадну у село, побију што стигну и пусте гладне свиње. Оне докрајче тело. Остатке сакупимо у вреће у однесемо на идентификацију – говорио ми је док су ми се брада и ноге још тресле.

Ћутао сам. Не знам ни где сам гледао ни шта сам мислио. Једноставно осећао сам да више не постојим. Тако сам се осећао до Борова села.

Када сам се вратио у Книн, данима ни са ким нисам причао. Пријатељи су ме чудно гледали. Ноћу сам се будио у бунилу. Слика оног стравичног призора ме полако, али сигурно излуђивала. Дуго је тако било. Решио сам да о томе разговарам са Јованом Рашковићем. После дугих и тешких разговора и помоћи коју ми је пружио, тај доживљај сам успео некако да потиснем дубоко, дубоко...

Ових дана, међутим, поново сам занемео. Мој Крајишник Ђуро Маровић, рођен у прелепом селу Голиња на Кордуну, нађен је у трафо станици смрзнут и раскомадан од стране паса. Овај несрећник једно време је био смештен у избегличком насељу код Краљева. Међутим, када је „принудни логор" укинут, Крајишници који су у Србији „потрошна роба" морали су куд који. Пошто је био добар мајстор и разумео се у котлове, успео је да заради и преживи. Радио је од данас до сутра. Колико год се мучио, на родни крај није престајао да мисли. Али, у родну груду није могао, јер су се усташе за то побринуле у „Олуји".

Тугу је свио у тој трафо станици у коју је долазио са сувим хлебом и ракијом. Грејао је тако душу и тело док је напољу било минус 20. Пред очима му се указивао његов премили Кордун који је у пролеће блистао на сунцу. Хладноћа га је све више стискала, али је слика његовог завичаја све више блистала. Мало по мало претапала се у бескрајну белину у коју се гасио поглед овог кршног Крајишника. И тако је једне вечери мирно и заувек заспао. Послужио је као гозба за псе луталице. Разбуцале су га. Тргале су га тако да га нису могли препознати све док нису пронашли његове документе.

И док сам читао ову проклету вест, пред очима ми поново пуче слика оних одвратних крмача. У Борову су српско месо секли усташки крвници, а у Србији га касапи бахатост система у коме је човек изгубио своју цену. Он више и не постоји. Постоје само они који се у њега куну док им треба.

Само у Чортановцима недалеко од Инђије у задњих неколико година умрло је више од 400 Крајишника. Нестају напуштени, оковани неимаштином далеко од завичаја којег су заувек изгубили. Многи су већ на њиховом путу. Алал ти вера Србијо! Шта очекујеш за узврат када скоро сваки дан полумртви лешеви Крајишника завршавају у беспућу? А шта нас тек чека? То само Бог зна. О овде се Господ одавно заборавио.

13.01.2009.

КОСМЕТСКИ „ЛУДИ КАМЕН"

Саву Лазића сам упознао 1991. године када сам после изласка из карловачког затвора сместио породицу у Сомбор. Имао сам среће. Остали су живи и здрави. Али патње и шта су све проживели, само ће они памтити. Из њихове душе то се неће моћи избрисати.

После опоравка у болници решио сам да се што пре вратим у Книн. Ваљало је бити уз свој народ. Посла је било преко главе. И таман пред пут, приђе ми млад човек и без устезања се понуди да иде са мном на пут. Био сам изненађен, али сам у његовим очима видео огромну жељу да буде уз Србе у Крајини.

– Ја сам Сава Лазић. Шофер сам, а теби треба такав један од поверења. Пратићу те и возити докле буде требало – рече.

И тако Сава Лазић – Лала, како сам га од миља звао крене са мном у велику неизвесност. Газили смо кроз Крајину уздуж и попреко. Нема где нас није било. Данима нисмо спавали. Смрти смо често гледали у очи. Једном смо је и „прегазили"

Враћали смо се у кни из Житорође. Ту смо обезбедили храну за стоку за петрињски Гавриловић. И док смо путовали, негде код Прњаваора у Републици Српској, испред нас на око 150 метара створи се човек и маше рукама. Скаче он, али нисмо разумели шта хоће.

– Шта се дере овај, као да је са Марса пао – вели Сава. – Што не иде према нама него стоји и виче?

Одједном, човек је почео да бежи. Ми и даље колима. После 200 метара више нисмо видели оног човека, али нас је зауставила полицијска патрола. Полицајци брзо дотрчаше до нас.

– Па људи јесте ли ви нормални!? Имате ли ишта у тим лудим главама, сунце вам јебем жарко – издере се на нас један од њих. – Па јел видите да вам човек маше, а ви не стајете – додаје још жучније.

– Аман човече, шта је било? Откуд ја знам шта овај млатара. Можда се зајебава – одврати Саво.

– Па знате ли да сте прешли преко тенковске мине лудаци једни!? – дере се полицајац.

– Јебем ли вам све по списку, па што нисте ставили неки знак, него тог лудака што маше ко полудео – узвраћа Сава љутито.

Духови су се убрзо смирили. Како то бива, за посла сата смо се у кафани измирили и изљубили. Криви смо и ми и они. После су ипак означили мину, па је деактивирали.

Елем, ових дана звони телефон. На линији ратни друг Сава. Сав се усплахирио. Осећам како радост тиња из сваке речи коју изговара.

– Брате, удајем кћерку. А знаш ли где? У Велику Хочу. Тамо ће бити свадба. Удаје се за праву Србенду. У мом срцу радости нема краја. Имаћу унуче на Косову и Метохији. Има да прославимо да се све пуши – прича сав узбуђен.

Обузе ме радост. Срећа. Искрена љубав и поштовање према том човеку. Провео сам године уз њега, свака му част. Децу је одгојио да му сваки родитељ позавиди. Она воле своју земљу.

– Питају ме ови данашњи комунисти (тако назива данашње демократе) јесам ли луд? Што пуштам дете да иде тамо где више није наша земља? Е па лепо сам им рекао да се носе и три мајчине. Ма то су бре јајаре – вели Саво поносно.

И док разговарамо сетим се како ми је једном у Книну рекао:

– Јебеш сву ову нашу борбу ако децу не научимо да воле земљу за коју гинемо. Ако то не урадимо, од државе неће бити ништа. На крају крајева, што не урадимо ми, то треба да наставе наша деца.

И дочекали смо тај дан. Није све изгубљено. Наша деца одлазе да се воле тамо где је најтеже. Научили смо их да воле и гину за отаџбину. Да Сава и ја да нисмо ништа урадили за своју земљу сем тога, урадили смо пуно. Његова је срећа велика, а моја огромна. Нека нам се унучад рађа на Косову и Метохији.

Слава ти Боже.

23.02.2009.

ТЕК ЋЕ МЕЧКА ДА ЗАИГРА

Мој ђед је говорио да је мудрост живота када умеш да прегрмиш зло.

– Тежи је тренутак када сазнаш да оно долази. О њему се тада бруји на све стране и људи у тој искључивој причи постају његови таоци. Оно нас после меље као жрвањ жито у млину. Међутим, зло које долази изненада, када му се најмање надаш, у човеку буди огромну снагу за опстанком. Тада га боље препознајемо и лакше се са њим ухвати у коштац – говорила је старина.

О злу као људској категорији која човека никада неће напустити и које постаје „добар" ослонац да се опстане, јер у добру спаса нема, често сам разговарао са својим покојним кумом Слободаном Бојићем.

Узела га смрт прерано. У најбољим годинама живота. Ово наше зло у коме данас живимо, одавно је предосетио. Можда и саму смрт. О њој, међутим никада није говорио. Карцином га је заувек однео. Можда је то била баш једна од оних честица уранијума коју су нам послали „милосрдни пријатељи" са Запада.

– Ми смо мазохистички народ – знао је често да каже.

– Зашто – питао сам га.

– Док сам био сиромашно дете у Крајини камену сам кичму ломио да останем на земљи и узмем оно плода што снагу даје. Ране нисам завијао нити сам ишао лекару. Пишао сам по тим ранама, јер су старији говорили да тако брже зарастају.

Гледао сам га у очи док му је поглед лутао у само њему знане даљине. Мудро је ћутао и смишљао неке нове приче пуног животног искуства.

– Доћи ће време мој Момире када ћемо зликовце који су нам велико зло нанели љубити у стражњицу. Они ће нам још бити узор како да идемо у „бољу будућност“. Како да будемо „слободни“, да се ослободимо себе. А када то будемо урадили најебали смо ко жути. Долазе та времена, видећеш – упозоравао је.

Једном ми је у дворишту покојног таста, где смо волели да попијемо добру ракију и роштиљамо, испричао невероватну причу.

– Био вашар у Бањалуци. Један циганин водио је медведа. У ствари, животиња је више личила на цркотину која липше. Ужасно га је тукао и удараo да се дигне на предње ноге и заигра. У патњи коју је животиња преживљавала, свет је уживао. Још се и добацивало: – Удри га, удри!

А медвед се пропињао, пенио, вриштао од бола који сам само ја могао да осетим у њему. Ту страву и ужас више нисам могао да гледам. Пришао сам циганину, отео му узицу којом је држао медведа, и мотком га свом снагом ударио по леђима. Настао је тајац. Људи су били збланути и гледали су у њега, а ја сам викнуо: – Јебена бештију, крволоче! Бацио је конопац, и изгубио се у маси. Медвед се скрхан болом једва држао на на ногама.

Када је испричао сусрет са чергаром, дуго је пушио цигарету. Нисам га прекидао у ћутању. Само сам видео како му се лице грчи.

Јеси ли ово некоме раније испричао? – питао сам га.

– Нисам. Осетим да и ти нешто тешко ломиш у себи, а не казујеш ми. Знам да те то разара – одбрусио ми је.

– Знам да долазе тешка времена, још тежа од оне несреће која је задесила твог медведа. Стизаће ударци са свих страна. Неке ћемо избећи, други ће нас погодити, али ваљам на даље. Ваља нам преко реке, као што рече Мак Диздар у једној песми – одговорих му.

— Само упамти куме мој, немају сви тако јаке руке које се за љути камен привијају. Нико није спремио децу за то бритко камење. А ови наши „пријатељи" са запада, велике и оштре бодеже спремају. Нисам сигуран да има таквих руку које ће их спремне дочекати, заврши причу.

На сахрани сам му говорио на гробу. Био је то један од најтежих тренутака у мом животу. Опраштао сам се од великог човека. Ни сада се тачно не сећам шта сам тачно говорио. Сећам се само да док сам беседио, видео сам га како се устремио на оног циганина који је мучио јадну животињу, медведа који се из петних жила пропињао да забави гомилу разјарене руље. Канула ми је суза из ока. После сам дуго ћутао, и опет ћутао.

И тако су прошле године. Ових дана сетио сам се Слободана Бојића. Спремам се да му обиђем гроб. Да тинујем пред његовим мудрим мислима које нас окружују, и да му кажем следеће:

Све је више медведа које неки луди касапини воде по нашој земљи. И све је више гомила људи који траже да се животиња пропиње док га пена од удараца на земљу не сруши. И куме мој, нема младих љутих младића попут тебе, са бистрим очима, који бич мучитеља заустављају. Нема оних кошчатих руку спремних да тешко и оловно камење које нас окружује, рукама голим зауставе. Њихове руке су танке и бледе. Бледе ко крпа. Измучене од силних пијанки, избодене крвавим иглама пуним дроге. А камџија пуца свуда око нас. Од Бога смо руке дигли. На људе заборавили. Комшије се данима не поздрављају. Ни руке из џепове више не ваде. Као да им не требају. А заборављају да нас само руке на камен и недаће свите, могу спасити. Руке у којима живи крсна слава. И велико небо у коме се свето Косово купа, наш је васкрс. Без тога нас неће бити.

Као и ти, не признајем издају пред моћницима. Они у љубав не верују. Из твог гроба она је на срећу одавно измилила, баш као и оне кошчате руке спремне да Србију од злих ала заувек бране. И одбране.

04.01.2009.

ЉИЉИН ЗАВЕТ

На Фрушкој гори често разговарам са монасима. Волим њихов мудар дијалог. Свака им је на месту. Недавно смо причали о књижевним темама. Стало им је да чују моје мишљење о појединим колегама. Знају да немам длаке на језику и да увек кажем оно шта мислим. Један од њих Николај, ме често „пецне" како би добио што директније одговоре.

Дотакли смо се „државних писаца", то јест оних који припадају сваком режиму. Они су предодређени за сваку награду, чланови су бројних жирија и махери су у мењању партијских књижица и симпатија. Таквих сада има као шаше. Ништа нису написали, али о демократији, људским правима, педерима, лезбејкама и Европској унији знају све. О Космету, Србима који тамо крваре ни слова не пишу. О сепаратистичком Статуту Војводине ни да бекну.

Међутим, има у српској књижевности једна права дама. То је Љиљана Хабјановић – Ђуровић. О њој сам говорио пријатељу Николају. Познајем је лично, а њена дела су истински вредна и читам их са љубављу. Дело „Петкана" за мене је књига над књигама. Роман светачке душе. Оличење љубави и молитве коју аутор носи у себи. Докучује савршенство божанског у које су многи данас изгубили веру. Због тога јој је благопочивши патријарх Павле и доделио орден Светог Саве. Препознао га је у њеним делима. А сем тога што је добар писац држи и до рода свога.

– Никаква могућа хвала, књижевне критике, награда, друштвено признање, државно спонзорство, обећања за објављивање књига у иностранству, мене не могу придобити да се одрекнем православља – рече она у овим тешким и смутним временима.

Алал јој вера. Зато је неизмерно ценим. Жена не да своје. Непоткупљива је. Не допушта да јој се одузме оно што је припада. Ни до колена јој нису многе српске спонзоруше и некакви постмодернисти који добијају хиљаде долара како би у иностранству написали нову књигу. Оду тамо а ни не знају шта напишу. Али се онда о тим „делима" труби на све стране, „пуцају" критике, номинације за све књижевне награде. А да зло буде веће, све то лепо аминује држава. Духовно смо се погубили поред толико светаца који лебде над нама.

Е због тога поштујем госпођу Хабјановић. Има став и држи до њега. Све што изговори огледа се у њеним „Записима душе", „Игри анђела"...Њена реч осваја истином и топлином православне душе. У њој је српска историја казана језиком ума.

Слушају ме другари у Великој Ремети. Мук. А ми хрлимо у Европу. У њу која нас је издала, распела, направила масакр у нашим срцима. А ми јој се клањамо. Изгубили смо памет јер се одричемо језика, писма, културе, вере. За узврат ће нам „укинути" визе. Каква бљутава срамота.

Вратимо се речима госпође Хабјановић. Останимо своји. Не продајмо се. Ни под коју цену. Данас је највећа цена не изгубити образ, част и крст, односно бити човек. Једва чекам да се сретнем са Љиљаном и пољубим јој руку. Поновићу јој све ово од речи до речи.

29.11.2009.

говоре. Неко их очигледно крије. Ћути се и о улози католичке цркве у геноциду у НДХ. Да ли је било могуће побити стотине хиљада људи без прећутне сагласности Ватикана? То је табу тема. О њој се мора расправљати али се она не сме заснивати на антикатолицизму, већ на правди Бога истинитог.

Тако је говорио др Милан Булајић, човек кога никада не смемо заборавити. Његова дела треба да читамо, а рукописе да објављујемо.

12.12.2009.

БЕЛЕШКА О АУТОРУ

МОМИР ЛАЗИЋ рођен је 26.8.1947. године у Сарајеву.

Објавио је следеће књиге песама: „Жега" 1967, „Рађање" 1970, „Јутро на уснама" 1979, „Пјесме љубави" 1983, „Чигрице грлице из Складишне улице" – приче и песме за децу 1986. године – највећи тираж у земљи (9.000 примерака), „Говор пјене" 1991, „Предаја истине" 1991, „Дан у камену" 1993, „Не дам се љубави" 1994, „Мом народу да не заборави" 1996, „Мом народу да не заборави" 2001, друго издање. Роман „Швабац" 1987. Књиге огледа и расправа: „Тридесет један портрет" 1998., „Крст завичаја" 2000. „Испирање мозга" 2003, „Пут у катаклизму" 2004, „Образ и отаџбина" 2005. Приредио је „Антологију српске збиље" на арапском језику 2006. године. Објавио је и „Христоискрице" 2007., „Слава Богу,, 2013.,„Правда" 2009. године и „Неправда" 2011.године.

У Пољској је објавио књиге: „Сунцу у походе" 1989. (са Маријом Лазић) и „Између додира и испуњења" 1990. (са Маријом Лазић). Избор поезије на немачком језику 2000. године и „Кад брат брата изда" 2003. године избор из поезије и прозе, на руском и белоруском. На руском језику је објавио „Време обмана" 2010. године.

Превођен на: шведски, русински, албански, македонски, словеначки, италијански, малтешки, пољски, мађарски, руски, јерменски, белоруски, бугарски, румунски и енглески језик.

Добитник је више значајних књижевних награда:

Академије Иво Андрић за животно дело, Златна значка културно – просветне заједнице Србије, „Лазар Вучковић“ за поезију, Међународна награда за поезију „Познањ 1986“, „Златна потковица“ за најбољу родољубиву књигу, награда за поезију „Торонто“, награда часописа „Породица и дијете“ за прозу…

Уврштен у најелитније антологије српске књижевности: духовне, љубавне и родољубиве поезије. Главни је и одговорни уредник листа „Збиља“ који излази у Београду, и главни и одговорни уредник Издавачке куће „Ривел Ко“ у Београду. Хапшен и затваран у усташким затворима у Хрватској 1990. и 1991. за време владавине фашистичке ХДЗ на челу са поглавником Фрањом Туђманом. Живи и ради у Београду.

САДРЖАЈ

CIP – Каталогизација у публикацији
Народна библиотека Србије, Београд

821.163.41-92

ЛАЗИЋ, Момир, 1947-   Чувајте их коњи врани /
Момир Лазић. -   Београд : Рад, 2014 (Београд :
Dinex). - 74стр. : ауторов портрет ; 21 cm

Тираж 500. - Стр. 5-10: Слапови свијетлости испод
камених усова / Петар Н. Штикдвац. -   Белешка о
аутору: стр. 73-74.

ISBN 978-86-09-01058-3

COBISS.SR-ID 204853260